JN408743

불고 춤추는 그곳에

불고 춤추는 그곳에

김인태 일곱 번째 시집

해암

| 머리말 |

『불고 춤추는 그곳에』

묻혔던 세월 다시 일으켜 보니 알겠더라.
시나브로 들리던 바깥마당
못淵가에 선 수양버들 발목을
헤프게 적셔주는 물결처럼
뒤척이는 밤일 때면
한 생이 멀어져 가지만, 나 이제 돌아갈래

요실금 헤집는 성긴 봄바람이 평상에 걸터앉아
풀어 놓는 기지개
풀국풀국, 풀국새 허리 휘도록
보릿고개 이고 간
아슴푸레한 기억,
별 하나 별 둘 끝까지 따라오는 별
담 너머로
빼꼼 보낸 어머니 목소리가

2018년 초여름

冬柏 김인태

| 차례 |

1_개나리

2_유월의 바람

3_불고 춤추는 그곳에

4_가을비, 시시한 날의 저녁

5_ 뒷모습

1

개나리

봄, 프러포즈

손등에 물든 연두색 속심을 들여다보니
질펀히 누운 강변 따라
갓 물오른 복사꽃 필 무렵
익숙한 냄새로 찾아온 그 바람
폴폴 날아오르는 하얀 나비였다면
그러나 무언으로 다가오는 손끝으로
마음 하나 풀기가 너무 어렵다
지금처럼 설레는 물결이 되었어도
그게 무슨 문젤까
꽃잎 물가에 뿌리던 봄이야 지났지만

납매臘梅

빙점 결빙점 간 거리가 을씨년스럽게
풀었다 조였다 하는 섣달 저녁나절
물기 머금은 바람이 번져 오는
가뭇한 하늘에 흩날리는
가난한 가지에 소름 돋은 한겨울이 툭 터져
변명 같이 덮어 주니
백매화, 홍매화, 청매화, 무리 속
낙관 없이 품위 유지
견디기도 힘들었을 게다
그러나 '자애' 라는 꽃말이라도 얻었으니, 망정

---

*납매臘梅: 섣달에 피는 매화(매화 과가 아니고 장미목과에 속함)

통도사의 봄

– 홍매화

겨우내 쌓였던 눈
봄임을 알고
티끌 하나 빠짐없이
성긴 대빗으로 얼기설기 치운
영각 앞마당에
살포시 비친 초경
간사한 바람이
톡톡 터지며 일제히
고쟁이 속을 들추고 있네

홍매화를 바라보며

봄의 단초, 열화 같은 기도가
바람에 실려와 하늘을 찌르고 있다
이월의 곧은 부챗살이
채 가시지 않은 길목에서
가슴을 활짝 여는 저 용기
곤지곤지로
방긋이 웃는 눈짓 따라
길을 나서 보지만
봄을 피워대는 아픔은 나였지
네가 아닌가 보다
처진 어깨 펴 보면서
너를 의식하지 않을 수 없다

목련 1

뒤란 까칠한 나뭇가지를 딛고
봄비가 내리기 시작했다
갓 물오른 가지에 긁어 대는 바람이
청아한 빛이 바래도록
참회하는 냉랭한 기도
눈 더미가 한 두름 내보이는
이른 봄, 상큼한 눈빛이
벌건 대낮에 사납게 꽃등을 긁어 대며
덥석덥석 가슴을 핥고 있으니

목련 2

앙상한 등뼈 위로 걸친 햇귀가
저물어가는 여유도 없이
앙칼지게 쏘아붙이는 꽃샘
최후 발악
허기진 배를 움켜쥔 채
눈꽃에 나붓이 엎드려
마디마다 녹여 내며
몇 날을 기다린 가지 끝에
불쑥 내민 까치 떼가
새벽을 물고서

개나리

베이듯 시린 이른 봄 모퉁이로
그쳤던 빗줄기 드문드문 듣는데
쭉쭉 그린 밑그림에
엇박자에 떨고 있는
대지의 당당한 보폭이겠다
이 계절 지기 전에
너울너울 잡고 싶었나 보다
뒷짐 감아쥔 팔분음표가
구기고 비틀며 흐트러지게 펼친
두루마리에 불쑥불쑥 내민 삿대질로

봄소식

실눈썹 낮달 하나 걸어 놓고
덜컥 가슴을 쥐어박던
늦은 삼월이
나만 설레게 하였던가
묵정밭떼기에
자고 나면 이곳저곳으로
허연 속살의 산고가
지천을 이루고
이내 낀 먼 들판에서
들리는 건
새벽 같은 보리바람 소리 뿐
사립문 밖에는 매화가 톡톡
언 서릿발을 녹여 준다

춘삼월

고샅길 둔덕 목마른 한낮
제비 온다는 삼짇날
먼 산 뽀얀 바람 속
만개한 침묵이 빈 가지에
총총히 걸려 있는
앳된 낯가림
잠잠 내려놓는 햇살이
풀썩 주저앉은 밭두렁에
취한 봄바람
책갈피에 묻혀 있던 아슴아슴한 기억
슬퍼도 아름다웠던 고향 언덕에는
가난처럼 핀 노오란 개나리

사월, 배롱나무

다투며 꽃을 피워대는 계절
과거라는 기억이
먼 길을 바라보니
아지랑이 잔물결로
빌미를 준 매화가
나풀나풀 거리는 유엔공원에
엷은 햇살이 왔다고 전하지만
화석 끄트머리에 아직도
살을 문대며
우-우 소리를 지르는
앙상한 낙타가 그곳에 산다

아카시아

보릿고개 빳빳한 달
쇠비름 강아지풀 무리지은
고샅길 따라
낮잠을 쓸어 담는 나절에
햇귀를 받아 적는 오월이
냅다 뛰쳐나가
샛대질로
화려함도 화사함도
혼자 오라 했지
숭어리 지어 오라 했나
막무가내 우겨대며
흐드러지게 토해내는 저 달무리

오월

– 청보리

공음면 선동리로 늙은 봄의 시샘이
어렴풋이 뒤따른다
햇볕을 쏟아부어
그림자는 발아래로 숨지만
철없는 각막은 여전히 달다
빌미를 주는 바람
늑골 사이로 푸른 물결이
고의춤을 풀어 놓고 있다
휘적휘적 갈겨대는 걸음걸이는
방금 지나간 제 그림자 뒤를 바라본다
불평으로 삼을 만한데
누웠다 섰다 한 반복이

옥잠화, 그 아래

28번국도 포항방면 자양면 영천호 이정표를 지나면서,

여기가 내 집 저긴 삼촌의 텃밭
사금파리 잘게 부순 햇살 아래
멍석 널어 가을을 말리시던 아버지
고방 문고리에 어머니 손금 걸려 있고
아장아장 걷던 내 발자국
지금도 물아래 터 잡고 누워있다
떠도는 몸부림도 이제 몸에 배
노란 유채꽃에 기어오른 흰 나비 떼
옥잠화에 무리 지어 살고 있네
다시 돌아가고 싶다
흥얼거리는 물아래 구름처럼 핀 복사꽃
불현듯 떠오른 물 위로 뒤꿈치 쳐든
방년의 시절,
발등만 밤새 일렁이고 있다

봄

벗은 채 삼 동을 지낸 나무
꽁꽁 묶였던 강물
하얗게 바람이 된 억새…….
양푼에 담아
달래랑 냉이랑 조물조물 무친 손맛이
덤으로 보탠 풋내

벚꽃

삼동을 끝내주던 매운 맛
호호 불었던 고드름이
죽을 맛이다
한때 겨울이 덮어씌운 문 틈새로
파고드는 황소바람
허공 속을 들여다볼 뿐
기대조차 없는 싸늘한 눈빛 사이로
뭉글뭉글 경칩이 떠다니네

이른 봄에
– 벚꽃

밤새도록 설친 잠 이유가 있었네
꼭 감은 동공에서
톡톡 터지는 꽃망울 소리가
봄바람에 묻어와
마을 들머리부터 속을 뒤집는
객귀 같은 흰나비 떼가
화들짝 필 내일은 어쩌지
이마에 손 짚고
점자를 더듬어 가듯 눈이 엿듣고 있네

동백꽃

삼동을 넘기고도 잦은 입 소식에
손잡고 덤비는 바람
저기 붉힌 얼굴들 좀 보소
꽃샘 몸 진 곳에 이른 봄비가
이별을 예고라도 하듯
속살을 자근자근 밟고 선 곳에
깊은 그리움만 키우다가
언 눈 녹듯이 떨어진 춘삼월이 붉다

낙화
– 동백꽃

겨우내 뽐낸 저마다
단두대 심판을 받았으니
이제 꽃이 아니다
다들 봄바람 나지만
그렁그렁한 발자국을 찍으며
보전한 자리로
아직 덜 삭은 고통이
당할 때보다
드러날 때의 수치심
체념이 두고 간 고운 흔적

꽃바람

꽃이 나를 닮았나
내가 꽃을 닮았나
마른 한낮
먼 산이 허옇게 불어터지더니
뭔 일이라도 일어날 것 같은
끝 나절에
꽃잎은 포르르
아래 아래로 눕고
나도 꽃바람 따라
훌쩍훌쩍 드러눕는다
그 고약한

2

유월의 바람

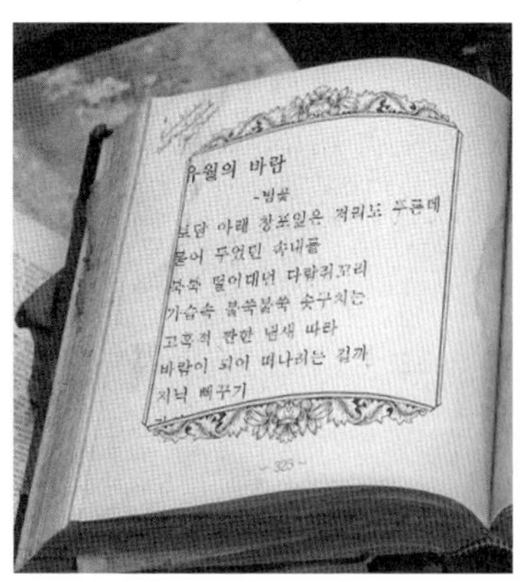

여름, 바닷가에서

며칠째 정말 더웠다
한낮 아스팔트 위로 아지랑이가
산발로 나서고 있지만
밤바다는 홍수를 토해낸다
거울처럼 바라보는 바다가
어느새 분명한 삶의 시간
짜증을 내며 보내야 할 즈음
오장육부 다 비워내고
가볍게 걸어오는 젊은 소리가
밤샘하는 해변으로 와락 달려든다
말라가는 이파리가
비를 기다리며 젖고 싶을 때가 있듯이

파도 1

불끈 쥔 주먹을 휘두르며
운명같이 뛰어넘고야 할 야망
시간에 쫓기듯 쉼 없는
눈물겨운 시도
쉰 목소리로
제 몸 부수며 자르르
자꾸만 다그치는 이별 연습
저 질긴…….

파도 2
- 기도

양떼가 일제히 일어선다
갇힌 바다를 보면서
어떤 모습이라도
홀로 견디지 못할 지친 영혼이
팔뚝을 걷어 올리고
가슴과 등을 번갈아 구르며
뭍으로 끌어내는 바람의 끊임없는 갈등
거친 삶을 눕히는
저 소리의 끝이 어딜까
비처럼 젖은 절규가
다소곳이 두 손을 모은 채

파도 3

책 보따리 둘러메고
깨금발로 뛰어오다
생의 높이가 무너질 때마다
고삐 풀린 황소 같은
격랑 속에서
초면처럼 만났지만
의식을 두드리며
하얗게 넘치는
이별의 손짓, 손짓이
후줄근한 조약돌 가슴을 헤집는다
자르르,
자르르,

그 바다에 대하여

꼭 짚고 넘어간다면
어제와 오늘 연거푸 만난 광안리 바다에서
파도와 바람에 대해 예사롭지 않은 인연의
고리를 단번에 끊어 버리기엔
탄탄한 다리가 버티어 있어
굳은 표정 질리다 못해 철처럼 냉정하게
박힌 다리기둥은 태풍으로 차오른 물기둥 정도
끄떡도 안 한다는 것을
까마득히 잊고 살았다는 사실
짝짝 튼 뱃살 앞섶 헤쳐 젖꼭지 물려
잠을 녹인 옥수수 알갱이 대하여
가끔은 위로처럼 큰 모습 보면서
타닥타닥 보릿대 쇠죽 솥 불 지피며
훔치던 눈물에 대하여
물처럼 살아 고분고분 한 여린 마음이 좋다는
말에 대하여
닷새 지난 새내기 달을 보면서

폭포처럼 쏟아내는 뜨거운 심장에 대해
뭐라고 말할 수 없는 바닷가에서
대양을 바라보는 패인 골 사이 수줍게 드러낸
뽀얀 얼굴에 대해
아직도 비스듬히 누워 있는 파도일 뿐,
나는

구절초

주저앉은 여름 곁에 근심 어린 빛깔이
빽빽이 들어앉아
장중하게 펼친 오케스트라로
낯선 풍경을 불러내고 있다
그늘처럼 상심하는 위로가
잠든 언덕 위로 하얀 속옷이
애잔한 심사를 피워 놓는
간지러운 몸짓들
속눈썹 희끗희끗하기까지
저리는 잎을 보면서 내사 괜찮아
자글자글한 눈가 주름살이 무리지어 웃고 있네

보리밭

밤새 소등했던 눈까풀이 올망졸망
둔덕을 바라보는 초여름
유월이 무색할 작열한 구릿빛 들판에
낮게 핀 민들레 목마른 한낮
따끔따끔 기어오른 등줄기로
너스레 널어놓고 있다
먹어도, 먹어도 채워지지 않는 허기가
뒷덜미를 당기는 먼 시절이, 머쓱해지기까지

물수제비

흐르는 구름을 바라보며
쑥물로 물들이는 보리누름
가끔 내리는 여우비에
오디 빛 짠한 마음이 언제나 취해
한바탕 떠벌리고 나면
평평한 찰라만을 디디고 가는
물방개 꽁무니 하늘에 꽂혔다가
헐렁하게 가라앉은 뒷모습만
종종걸음으로

갯메꽃

어정쩡했던 장마도 이제 파시가 되니
절레절레 흔들던 체온이
신생아처럼 벌거벗었다
훨훨 뿌리고 갈 모래땅에 발 뻗어
묻힌 포근한 고향
자근자근 밟아 피워 올린 침묵이
바싹 마른 성긴 밥알을 삼키며
필기체 걸음으로 주절대는 허기진 삶,
뭍으로 기어오르는 물소리가
되묻는 불면의 밤 지나
풀어헤친 물안개 따라 걸어 나오는
아침나절 맨땅에 우표처럼 붙은 민낯

나팔꽃

싱겁게 굴던 개구쟁이들
미치도록 오르고 또 올라
여름 껍데기를 벗겨 활짝 달군 청춘이
담장 너머로 토해낸다
단조롭던 시간이
아침 식탁에 둘러앉아
한나절을 버틸 듯한
길어질 이야기를 싹둑 잘랐다
찬물을 끼얹는 듯
비비 꼬인 한숨이 내려놓는 턱관절

유월의 바람

– 밤꽃

토담 아래 창포잎은 저리도 푸른데
묻어 두었던 속내를
툭툭 털어대던 다람쥐꼬리
가슴속 불쑥불쑥 솟구치는
고혹적 짠한 냄새 따라
바람이 되어 떠나려는 걸까
저녁 뻐꾸기
간절한 남폿불에 기댄
갈증의 몸부림, 몸부림이

참나리 꽃

번번한 바람둥이가 스친 추파로
거뭇거뭇한 생 살점이
빼곡히 박힌
꺾이지 않는 고집이
활활 타오르며
지긋이 당긴 허리춤에 반한
탱탱한 젖무덤
시원한 아랫도리가
바동대는 여름을 신고
나만 눈 딱 감으면 만들어서라도
동네방네 떠들썩

전야

등을 곧추세운 채
한낮을 할퀴듯이
살폿 비친 태풍의 강박감
하늘과 땅을 다 품은
점령군처럼 밀려와
비등점을 달구는 풀무 소리에
술렁거리기 시작한 풀잎들
바람에 맞서며
일제히 거슬러 오른다
칠월 햇살보다 더 타는 눈빛이

폭우

잘 정돈된 듯 가던 감정이
툭, 불거질 때마다
*춘천천은 막걸리 먹은 얼굴로
화풀이하듯 창문을 두드린다
부쩍부쩍 표면을 포식하는
내 소유의 땅 깊은 잠 속
머리 위 쨍하게 비치는
삶과 죽음의 두드림
스스로 깨우치는 이상기온이
공간은 절대적 단색을 메우고
폭주족처럼 내뿜는 노도의 함성

---

*춘천천: 부산 해운대 장산에서 수영만으로 흐르는 냇물

매미

아침부터 가로수 맨살 위로
소름이 떼거리로 돋는다
불완전한 변태 부끄럼 없이
들썩이는 한결같은 음치가
팔월 끝자락 찌렁찌렁한 가슴에
다닥다닥 붙은 답답함
날고도 남을 힘이 툭 떨어진 규화목
남은 생의 항변이 끊겼다 이어지는
낡은 소리 하나하나에
수의가 걸쳐질 때
누구도 더 이상 닦아주지 않을 눈물
계절의 비탈길에서 죽은 듯이 막차를
떠나보내는 역무원의 탈색된 깃발

왜가리

진종일 동동 걸어 올리고
멀건 강바닥을 바라보면서
혼자 짊어지고 있는
외로움쯤이야
발자국 하나 새겨 놓으면
낮과 밤을 간결하게 건너뛴 삶
머뭇거리다
저녁때가 되면
늘 휘젓는 이별 생각만 하였지

소심

홀로 빠져드는 요염한 저 자태
손 내밀면 금세 부러질 듯 눕는
곧은 허리,
모시 앞섶 풀어낸 순백한 앙가슴
은은하게 우려낸 수줍음
흠뻑 젖은 혓바닥이 등을 핥으며
속내를 헤집고 있다
몇 번이나 허물어져야 하나
앙증한 저 몸짓, 몸짓이

카푸치노

소-옥 빠진 달팽이가
진종일 걸어온 일몰로
내비친 옷자락
잡아 늘여 가득 채운 호수에 걸터앉아
자지러지게 웃는 목젖이 바보 같아

정한을 버린 낙엽의 여운처럼
짙게 스밀 때면
수박 등 컹컹거릴 저녁나절
영그는 눈짓으로 따사하게 감싼 한때가
방향 없는 바람이 허옇게 피워 올라
애써 여유를 부렸다

3

불고 춤추는 그곳에

불고 춤추는 그곳에
웃자란 보리밭으로 질러가는
바람 소리가 듣고 싶다
머금은 저수지도
목마른 한낮 수양버드나무 아래서

동피랑

숟가락 놓는 소리,
아기 울음에 하루를 시작하던 골목
찰랑거린 *강구항에 얼굴 비춰
거울삼아 하루에도 수십 번 닦아 낸
해무가 햇살에 녹아내린 어느 날
개발이 희망이란다
주인 없는 이곳저곳에 제 이름 자 들먹이며
동전같이 눈으로
언덕을 수천 번 오르내렸던 생각
걸쭉한 사투리로 핀 무지개 아래
까탈스런 세상 입속에
시간이 멈춰버린 흔적
담 너머 얼굴 맞대며 꽃처럼 살아간 이웃들
잔잔한 미소가 담긴
유년의 손금이 놀고 있다. 지금도

---

*강구항: 동피랑 아래 호수같이 보이는 항구
*동피랑: 통영시 소재 동 벼락 서 벼락 사투리 지명

바다와 조우

풀어헤친 해무가 산화할
최후의 시간을
뭉그적거리며 허비하고 있다
다가오는 파도 소리가
태양을 녹일 듯
작열한 모래밭으로
유년을 홀랑 벗긴 채
압정으로 꾹 눌러 챙겨 오는 발자국
출렁이며 가슴까지 덮어주던
조밀한 청 무 밭떼기로
넘친 밥물이
건성건성 기억을 건져 온다,
그때 한소끔 한 이야기가 무얼까

풋보리

푸릇한 새벽을 뚫는 논두렁길 따라
바라본 내 유년의 헛배
아침을 숨겨 늘려도 귀신같이 찾아오는
한나절의 허기는 참을 수 없었다
가죽만 붙은 부황 든 얼굴
불린 한 톨, 그 시절의 탱탱한 명줄

불고 춤추는 그곳에

- 내 고향 취무吹舞

웃자란 보리밭으로 질러가는
바람 소리가 듣고 싶다
갈복산 정수리에 걸려 있는 낮달을
머금은 저수지로
물방개 맴도는 그곳 언저리에
가부좌 튼 구수합골九水合谷
목마른 한낮 수양버드나무 아래서
조물조물 무친 봄 냄새에
낮술 한잔 걸친 얼굴로
얼큰히 타다 남은 저물녘
아슴푸레한 마음을 적시고 살래

그때
– 유년

휘영청 밝은 달 아래
긴 골목으로 밤을 밴 숨바꼭질
연거푸 곰방대 잔소리에
쫑긋한 귀가 압정을 피해 가듯
꿈까지 쫓겨 다녔지

시야詩也

한 겹 다듬어 볼 마음 트임
편안한 그대 앞에서 낱낱이 벗겨
온종일 혼자 팔딱거린 생각들
까탈스런 손이 던져 버릴 때도 가끔 있어
눈곱 연방 떼어내며
불같이 달군 망치로 서슴없이 내리치며
매끈하게 길들여
할 짓 다 들어준 후
이은 매듭 끝자락에 태어난 너를 보며
내심 표현할 수 없는
생소하게 안아보지만
행복한 마음 가뭄에 들먹거려
내 사랑
겨누기보다 앞선
한 송이로 거듭나 또 내 속을 넘보기에

별똥별이 되고 싶다

나, 미미한 존재
블랙홀로 향할 때 어떤 모습이었을까
신음으로 칭얼대는 파도가
막다른 골목에서 침묵으로 일관한
한숨 소리도 덮어둔 채
봄 길 같은 포근한 바람을 쬐고 싶었을 거야
쫓기듯 앞만 보면서
수런거린 망망한 암흑 속으로
이웃과 헤어져 외롭게 걸어갔을 거야
그리고 긴 통로 들어서면서
시공은 붉지도 허옇지도 않은 빛 따라
선택의 기다림 용케 기회를 줬다

항해는 태풍이 쪼아대는 돛단배에
와류처럼 토해낸 세상으로
툭 떨어진 풀씨 한 개,
바람과 비 그리고 햇볕이 쬐는 바위틈 이끼로 살아
비록 남은 것 등에 바늘 꽂을 여유 없어도
하늘에 구름을 날려보고 지워 보기도 한
푼수로 일관한 재미로 살아온 우둔함

아라홍련

말랑한 자궁 속 순장된 침묵이
치밀어 오르다 굳어 버린
연옥의 기다림은 눈물겹다
그러기까지 가여운 영혼이
물그림자에 비친 전생의 해탈로
고려의 숨결을
고스란히 품고 있는
저 요염한 자태
붉게 물든 손끝으로
시공을 휜칠히 굽어보는 오늘에서야
스스로 청정함을 뽐내고 있을까
소갈머리 없이 드러낸 채
까마득한 시간을
아직도 긁고 있는 저, 지조

---

*아라홍련: 함안군(아라가야) 소재 고분군 조사 중 연당(깊이 5미터) 발굴 중 연씨를 발견 고려 때의 것으로 판명되었고 발아된 후 2년이 지나야 꽃이 핀다. 꽃의 특징은 현재 분화된 꽃과 달리 화경이 크고 꽃잎 수가 적게 붙였고 그리고 꽃의 색깔은 알맞게 붉은색 잡색이 없이 순수하고 꽃대가 유달리 길게 보였다.

잠언

일상다반사 글을 시라고
처음부터 끝까지
주례사같이 쓴 해설을 보면서,
바라건대
시인의 시적 세계가
흔들림 없이 갈고닦아
앞으로 대성하겠다
가뭄에 시원한 소낙비라도 덮어씌울 듯
갈겨 쓴 글,
다듬고 다듬어도
멍석 깔아 놓은 텅 빈 마당 같은데

나목

시시때때로 그늘진 날이면 동산에 따라붙는 봄처럼
내 온몸 매달렸던 네가 있어 다시 찾는다
앙상한 가지에 통곡하던 빈 바람은 돌아서고
애잔한 심사 피운 눈빛의 나른한 오후가 흔들린다
제 발밑만 믿고 뿌리내린 삶
낯설지 않은 햇살에 툭 미소 한 벌 던져 놓고
나르시시즘 물들 기다림은
뙤약볕이 더욱더 그리운 가 보다

수평선, 파도

동안거 중인 동백섬을 가두고
옥신각신 머리를 싸맨 이란성
계속된 헛발질로 한 가닥 의식마저
이건 아니다,
그러나 이승과 저승을 넘는
불변의 소용돌이
깊은 구석에 묻혔던
한 톨의 설움까지 다 토해내는
흔한 언어, 삼각관계
단지 닮았다는 이유로 선을 그으며
종말을 외치는 전도사의 애절한 구애
풀었다 조였다 하니 조용해지더라
넋 나간 눈썹, 어찌하겠나

을숙도 추억

한입 삼킨 밀물 희끗희끗
허물을 벗어대는 저녁나절
붓방아질
격정을 엿보다
가만가만 내려놓는 낙조가
통째로 품었던 개펄로
쏙 빠진 어둠도 쓸쓸해지면
생각이 깊은 갈대가
어깨에 기댄 채
비집고 드는 분주한 바람만
으슬으슬,
지금도 아프다는 생각밖에

자비 출판

또 한 해를 넘겨야 하나 과년한 너를
들춰 볼 때마다
눈에 익은 시어가
톡,
톡,
언제 시집 보내주나 할 때마다
미적미적 뜸 들인다
애착이 애증으로 변할 처지
남들은 창작지원금이라도 잘 타내어
화사한 옷 입혀 보내온 걸 보면서
꿀리지는 말아야지…….
자비 들여 전단 뿌리듯
그렇게 시집보낼 수 없다는 생각이
좌불안석이다
하루가 멀다 하며 등 떠밀려
주소지 찾아와
내 오지랖에 안기는
남의 자식을 보면서 용타 용해

가파도 마라도

꽉 차게 꽂혀 있는 우편함을 보면서
그냥 지나칠 뻔했다오
찔러 둔 흰 봉투 속
면식 없이 불쑥 내민 독촉장
어쩌다 빚쟁이가 된 것이다
수취할까
말까
뜯어볼까
말까
언제까지 갚아야 하나
지금도 구르고 있는 바퀴는 노란 선 따라
천국과 지옥을 오가는데

달빛, 어머니

새벽달 앞세워 나섰다가
별을 이고 들어오시어
머릿수건을 벗어
툭툭 터시던 어머니…….
나목이 된 채
거미 같은 허리로
장독대 달그락거리시는
늦은 밤
동구 밖엔 별빛이
하루의 긴 밭고랑처럼 흐르고 있다

뿌리

어느 날 형제들은
밤별 헤어지듯 멀어졌다
엄마의 안절부절 팔 벌린
기다림은 내 자식
너무나 그리워 등 굽었다

내 신발보다 작은 초가를 신고
탱자나무 물주며
울타리 삼았을까
바람이 흔들어
잎사귀는 달빛을 찾고
달무리 지은 우리는 고향을 찾는다

아름다운 날에 부치리

– 출발선에 선 아들 부부에게

먼 길 돌아온 행성이 손을 꼬–옥 잡고
노둣돌을 딛고 서 있다
새 출발,
가다보면 때론 강이 길을 막아
돌아서면 또 산이 긴 턱을 내민다
멈춰버린 어둠이 올지라도
이상은 하나하나 깨어나
새벽을 알린다,
한곳을 바라볼 때
소유가 아닌 동행으로
기대고 위로하며 김밥 같은 완전한 결속이
번영 확신의 빛으로
자손후대 귀감이 되어라
오늘 선명한 꽃으로 남아있길
사랑하는 아들, 며느리에게

---

*2014년 9월 21일, AM:11 오션타워 드 라메르 프리지아

손자 자랑

한 올 가림 없이 내지르던 칠월 열이레
꼼지락거린 발가락이 이름을 밟고서
홀로 세상을 살피며
내딛는 장엄한 출발
겨울이 풀렸다는 앞개울 소리에
파릇한 새싹이 돋아
긴 행렬로 이어진 강물 언젠간 다가올
여울을 지레짐작하듯
말똥말똥 쳐다보는 포도송이 같은 눈
탐스러운 이유를 알겠다
그래도 어쩔 수 없는 것
귀밑을 긁고 있을 가을 빗소리에
흥취 되어 인생을 살았다 하기에 뭔가
허전할 것 같지 않은가,
좋아서 하는 일이니
남의 눈총까지 받아야 하나
눈에 넣어도 안 아픈
내 젊은 날의 그림자 하나가

아내의 눈물

휑한 노정路程에서 바람과 만남이 라면
건조한 피부로 그냥 스쳐 지나갈 것이지만
길과 길을 곁에 둠은 살아있는 한
같이 호흡을 하고 간격으로 붙어서 가다 보면
목까지 차오른 진솔함이 북받쳐 오를 때가 있다
축축이 젖어오는 느낌은
아픈 눈물이 아니라 즐거워서 흘린 것이다
말없이 뼈마디 쑤셔오면
비가 올 것이란 일기예보처럼 쳐다본다

4

가을비, 시시한 날의 저녁

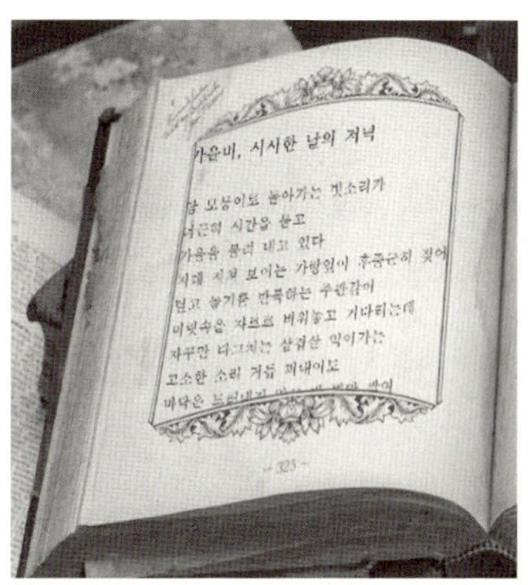

집념

장대비 쏟아지는 밤
잔존해 있는 뇌를 짓밟는 저림은
잠꼬대처럼 치적 되는데
허망한 눈빛은
태우다 못해 외롭다
빗소리가
때론 서글퍼질 때도 있지만
창에 붙어 대롱거린
가냘픈 몸짓 하나하나가
그대에 대한 애정이다
돌아서야지 하면서 되뇌어 봐도
늘 그 자리에 똬리가 밟혀
떠나지 못한 이유였어

9월은

풀이 마르는 달
인디언의 수우족은 9월을
이렇게 아름다운 시로 말한다
바람결에 우수수 자지러진
풀잎들
그렇다, 담장 아래 땅바닥이
훤히 드러나는 달
한 겹 한 겹 떨어진 풀잎 안고
귀뚜라미는 애타게 울고 있네

억새

바람이 훑고 있는 간월재
털어내지 못한 촘촘한 기억이
뒤질 때마다
억억대며 고분 거린 몸짓으로
속을 헤집는다
감춰진 아픔이 더 서러웠을까
짖어대는 언어들이
야위진 마디를 다시 일으키며
우-우-거린 가을은 눕지 않는다

대지의 체온

입추 고비가 툭, 떨어진 아침나절
논두렁길 흠뻑 적신 발등이 시리다
여름 내내 푸르게만 한 들과 산에는
여지없이 말라 버릴 것들만
이제 가득 차다
한 계절의 고통이 안겨 준 행복한 열매도
냉랭한 대지의 호명
누가 먼저 불려 나갈까
꼬투리에 잡혀 선 저마다
코스모스가 그렇고
국화도 가슴을 쓸어내렸을 것이다
마른 풀이 버석거리는 겨울이 들기 전
무서리에 쪼그라든 한때가
무더기로 가을 가지에 매달렸네

밤톨

한낮 풀빛 머금은 냄새를 한 몸에 받으며
무한천공 펄럭거린 동네방네로
끙끙대던 여름 둔덕을 찾던 날이
부지기수였지
이마에 손 짚고 햇살에 취한 발길
울타리 너머로 여름을 앓던
그 사람은 떠나가고
가을이 내려앉은 곳엔 귀엣말도 가라앉았다
해와 달을 번갈아 지새운
동정녀 마리아의 산고가 십자가를 그으며
오롯이 담은 수라상 막판 떨이
무서리 날 세운 바람에
스스로 견디지 못해 쓰러진 추억이
허비적대는 낙엽을 베고 누운 소꿉친구들

낙엽

다시는 보지 않을 것처럼
여름을 재워놓은 한때가
뒷걸음칠 때마다
초로의 근심처럼
그렁그렁 순응해가는 이파리들
끝내, 흩어지는 인연
겪어 봐서 알겠지만
허풍이랄 지라도 그 소중한 것들
이렇게 사르지 않고 못 배겨

박꽃이 질 때

인디언 크리크 족
구월은 작은 밤나무의 달
애잔한 눈빛이
가을을 딛고 있다
사람이 그리운 계절
수북수북 쌓인 우울 따라
방황을 시작했던가
어두운 변명은 슬프다
구월은
슬그머니 쪼아대는 바람
기다린다는
흉흉한 개울에 소름처럼
들러붙는 허탈감
만월 아래 숨어든 사색이
짙은 담장을 머금고

가을 평설評說

여름에 지친 영혼을 가까워진 하늘에 담은
지독한 그리움,
얄팍한 단색으로 변해가는
그 시작점에 서 있다
가을비가 부르르 떠는
동해남부선 철길로
무안한 뒷모습 장승같이 서 있는
폐 역사驛舍
그늘로 누워버린 기억이
꼬리별로 쏟아내고 있다
시월 어느 날
폭신한 잠자리에 누었어도
일상을 넘어 훌쩍 가출하고 싶은 계절
위로처럼 흩어지는 억새…….
못내 아쉬운 몸짓, 이 계절이 이유다

시월, 어느 날 오후

불어터진 햇볕이 낮아지는
저릿한 오후
나눠 주었던 햇살 한 줌 거둬 드리며
삼종기도가 물든 들판
가까워진 하늘빛이 낯설지 않은 창에
살포시 비춘 민낯
내 다시 청명한 영혼이고 싶다
까칠한 바람과 함께
벗어 놓은 생의 무게가 먼 하늘에다
거붓하게 풀어놓은 노을 한 자락

망설임

– 왜가리

나른하게 풀어진 시월 한나절
햇살 알갱이가
신기루같이 떠 있는 바다에
파문을 물고 기웃거린 사념
긴 다리를 걷어
종일 물가에서 시간을 쪼고 있다
때때로 일상이 깊어가는 병처럼
수척하게 적시는 가을비에
참방거리는 감성의 파고가
턱을 고이고 있지만
허망한 자맥질로
돌아 나오는 발자국, 내려놓아야 하나

십일월의 비
– 흔적

빗길을 걸으며 수습하지 못한 일들이
머리를 챙긴다,
그러나 명치끝에 맺혔던 그 무엇인들
다 잊는다는 건
지나고 보니 앓겠더라
총총걸음으로 떠난 낙엽의 뒷모습은
잊고도 끝내 남은
아쉬움이 맺힌 잔상을 핥고 있다

기러기

거뭇한 강물 위로 번져오는 땅거미가
들판 어깨를 걸쳐 맨 저녁나절
지레 비쳐 보이는 먼 하늘로 쫓기듯이
타고 내리는 바람 한 줄기
여기가 어딜까, 어딜까 하며
어둠을 끌고 온다
무덤 같이 듬성듬성 널브러진 가을걷이 끝난
논바닥으로 분잡한 십일월, 수수 빛 울음

단풍 1

여름을 재워 놓은 지난밤
덜컥 내려앉은 칼칼한 비도
쓸쓸한 모양
자꾸 보채고 있네
평온한 억새밭으로
사람이 걸어가고
무늬만 남긴 텅 빈 서운함
푸석한 잎사귀 하나
한 겹 한 겹 배웅하고 돌아서면서
이젠 더 버티기도 힘들다고
얼굴 붉히네

단풍 2

지난해 떨구고 간 오솔길로
바스락바스락 밟고 싶다
탈색되는 아쉬움을 짊어진 가을이
발톱을 내밀 즈음
풀벌레 짝짓기가
자욱이 깔릴 토담길 따라
허둥지둥 떠날 이때
가랑잎 눕혔던 언저리로
물들까 말라 한 혼불,
아– 형벌보다 무서움을
깨닫게 하는 저 빛이

단풍놀이

가을이 타고 있다
요란스럽게
품바길 따라
가을 거지 떼가
물결로 물결을 밀며
가을 잎이
가을꽃으로
목까지 차오른 충동
넉살 좋은 햇살에 밟힌 노란 꽁무니
속닥속닥
풀어 놓는 수다길 따라

가을비, 시시한 날의 저녁

담 모퉁이로 돌아가는 빗소리가
너끈히 시간을 물고
가을을 불러내고 있다
지레 지쳐 보이는 가랑잎이 후줄근히 젖어
털고 놓기를 반복하는 주판같이
머릿속을 자르르 비워놓고 기다리는데
자꾸만 다그치는 삼겹살 익는 소리
거듭 퍼내어도
바닥은 드러내지 않고 빈 병만 쌓여

가을 편지

마루공원 자락
비 온 뒤 굳은 땅에 붙은
핏발선 눈빛,
한 토막의 계절이 바뀐 표정인가
뒤척이는 바람이 연방
제 껍데기를 벗기며
기별조차도 기다리는 눈치다
붕어빵같이 온기를 피워대는
공허한 가슴들
담장과 키 재고 있는 장독처럼
꽉 찬 가을과 함께
깍지 낀 두 손 펴 보이며

가을, 소쇄원

마냥 꽃물에 젖기만 한 그 길 따라
외롭고 쓸쓸했지만
늦가을 비에 남은 보람마저
퇴색된 바람이 털어내는 이야기
자괴심이 빗길 바닥에 눕는다
산모퉁이를 훑고 있는 휘모리장단이
소쇄掃灑, 소쇄瀟灑하며
만추를 낱낱이 챙겨
담장 너머로 뚝뚝 내려놓는다

가을 애상哀想

깊어가는 가을이었지
파랗게 질린 파도
작은 바람에도
온몸을 부르르 떠는 오후
시장바구니 속 동공이
함몰된 고등어의 비릿한 기억만
바라보고 있었지
이내 낀 길바닥으로
외롭게 적셔오는 가을비소리에
이리 몰리고 저리 몰리다가
사소한 바람에도
누군가 떠나고 있다는 것을

가을 바다

해변 길 따라 얇게 걸친 밤공기가
커피 생각난다고
가랑잎 몰고 오는 익숙한 내음
살갑게 다가오는 나뭇가지 사이로
오르내리는 바람 탓일까
닥치고 나니 흔들린다
체험처럼 가빠오는 낮은 목소리로
귀 세워 주고받은 시간이 어느덧
눈썹달은 성큼 서녘으로 떠나고
사투 끝에 풀어진
새벽은 그랬다
순응하는 아침 바다는 비몽사몽
돌아 나오는 아득한 수수 밭골 따라
스산한 바람만 걸리고 있네

하현달

스무사흘, 삼경을 넘긴 지 오래인 듯
박동이 이어졌다 끊겼다 한 호흡에
매달린 안드로메다
은빛 속살을 빠듯한 하루하루가
알려지지 않게 왔다가는
그들만의 만찬,
오지랖을 오려먹으며
허기를 채우고 있다,
망각이 사그라지는 날까지

5

뒷모습

봄바람이었으면

앓는 소리로 겨울이 와서 말을 건다
삼동을 지낼 때까지
치솟는 추위를 몰랐지만
오가는 계절을 들먹일 때마다
엉거주춤 확인이라도 하듯
이미 선을 긋는다, 봄을 느낄 때
울먹울먹 쏴아 터진 물소리
막무가내 떨어지는 허세에 채여
겨우내 동여맨 끄나풀을 풀어놓고
조르르 모여 앉아 학수고대하는 풋내기들
아직도 겨울인데 바람 탓으로 하기엔,
진 빚이 얼마 남았기에

꽃샘

설 전후가 가장 춥다고 하였던가
하얗게 질렸던 마음마저
벗어주고
수척해진 수은주에
겨우내 빼물고 기다렸던
목련 곁으로 찾아와 맨발로
꼬투리 거는 바람

폭설

쏟아지는 겨울은
환희로 그윽이 바라보면서
가난한 나목 위로 겸허하게
떨구고 있는 너
기댈 곳 없는 세상 비탈에도
정량을 넘기면서까지
뒤척이며 까무러지게
꾹꾹 숨을 누른
소박한 나의 그리움이었다

고드름

첩첩이 타고 내린 단련된
민낯 숭어리
달빛 섧게 비친
빈 밤을 가르며 매서운 전율로
생의 무게를 담아
위태위태하게 깨어난
최후의 일각
잠든 바람 곁에서
징징거릴 소름
고요가 돋보이는 불편함

초겨울 저녁나절

빨랫줄에 옹기종기 앉은 텃새
노을이 부리 속을 밝힐 때면
낮아진 뒤란 바람 소리도
자그락자그락 밥상을 거두는 소리도
검게 변한 속 깊은 강물도
하루를 설거지하는
저녁풍경이다
여느 때와 다름없지만
초닷새 귓바퀴 감싼 달
하얗게 바람이 된 갈꽃 속으로
별을 훑어 퐁당퐁당 던지고 있는 순간에도
먼 산 바라보는 빈자리

십이월

딸랑 한 장 남겨 놓은 달력이
하얗게 질려 있다
더펄거리며 걷는 흰 구름과 함께
주름이 긋고 간 허망한 투쟁
품었던 인연 쉽게 보내고
남은 여운이 잠까지 쫓아내었지
붉은 해 설핏설핏 잦아드는 취흥이
점령군처럼 밀려와
까맣게 잊고 살다 외톨박이로 남아
넉잠 준비하는 채반 위 누에같이
사락사락 잎자루만 남은 날짜도
갉아먹고 있다는 것을

올해 마지막 달

빙산처럼 높게 서 있는 하늘에다
짓까불던 구름
어질 머리로 남아 있는 하루가
분간키 어려운
저녁처럼 보인다
깨금발 뛰며 놀던 아이들
귀가 간지럽게 쪼아대는
섣달그믐날
스산한 바람이 헤집는 골목길 따라
가판대 쪼그리고 앉은 주름살
세밑 재촉
이젠, 예사롭지 않다

밸런타인데이

호주머니에
푹 찔러 준 초콜릿
이래도 될까
그냥 냅둬
지금 이 나이에…….
불현듯
세월의 무관심 한때가
주름 깊이를 재고 있다

답답해서

– 팽목항

노란국화꽃이 흩어진 바닥 위로
저물어 가는 파시波市
세월도 마음도 다 변해버린 지금
답습된 공통함수 얕은 방정식
누가 아니라고 탓해도 도요새처럼
다리를 절고 있으니
뻐꾸기는 남의 둥지에
알 하나 두고 가면 그뿐
뻐꾹뻐꾹 봄볕은 담장을 머금고
그래도 외롭지 않다고 말할까
이리저리 줄쳐 놓은 얄팍한 행적들

파토스의 작태

여느 때와 다름없이 지정장소로 나오란다
부추기는 행사 심상치 않은 체위 싸움이다
엘이디 불빛을 받으며 후끈한 입술 분위기
항상 아래로 깔리는 체위가 오늘은 여자가 오른다
화려한 차림에 조아리는 한물간 아랫동네 망나니다
항상 상위 체위를 좋아하는 선동꾼
조용히 그 여자의 입술을 보다 눈을 아래로 떨군다
너끈한 기술도 갖추지 못한 꽃놀이패의
생존 경쟁인가
학연, 인맥에 따라 그럴만한 자격이 갖춰진 사람인가
면면히 들여다보면 자타 공언하는 늑대들이다
경계를 에워싼 그들의 잔치
우둔한 소외자는 뜯기면서 붙어 살아야하는가
행사가 끝나고 떠난 자리는
정적으로 평온을 찾을 거다
그러나 다짐을 하면서도 머리에선 복사가 자꾸 된다

감천문화마을

오순도순 하모니카 집
장독대 머리맡에 두고
낮은 벽 사이로
딸각거리던 수저 소리가 멈추더니
골목 귀 댓돌을 생시처럼 넘는다
오후 나절 끌려오는 발자국들
뙤약볕 훔치며 연방 터뜨리는 카메라
휜한 렌즈처럼 꿰뚫듯
드나든 고양이가
민낯을 가려주던 골목에서
고갤 내밀고
솔깃한 바람으로
하늘을 재어보는 해바라기
망연히 서서 먼 바다를 바라보는
순수한 버릇이 된 파안대소

---

*감천문화마을: 한국동란 후로 생성된 태극도 마을, 지금은 한국의 마추픽추라 불릴 만큼 좁은 골목으로 유명, 많은 관광객이 찾고 있다.

청사포 다릿돌 전망대

포구를 내려다보는 인연의 흔적
애환에 같이 울었던
동해 남부선 철길 따라
가다 보면 장엄한 곡조가
되받아치는 암벽으로
휘감듯 빨려들어 간 포말로
참담히 나뒹굴었던 *섶동네 설움
불멸의 젖은 푸른 영혼이
웅장한 머리를 쳐들고
망부송의 무거운 허리를
허공에다 매달은 하늘 길
장도의 팡파르가 부푼
새벽의 몸부림이 뜨겁다

---

*섭동네: 큰 동네 그늘에 가려있는 빛을 못 보는 작은 동네

눈길을 걷다
– 동행

목이 쉬도록 지천으로 핀 서설이
가득한 여백
자고 나니 너까지도 벙어리가 되었다
먼 하늘을 보며
낮게 깔린 잿빛 따라
또박또박 밟는 길나장이
보이지 않는 등을 바싹 따라 붙는 기척
잠시 비켜설 수 있었지만
귀 높이로 두고 싶은 포근한 눈길에
뽀도독뽀도독 온통 취해버려
아슴푸레한 길이 점점
내 집처럼 편안하다
이쯤 해서…….
서로의 갈 길이 있다는 것을

뒷모습

장지문 뺄 즘 열면 금방 뒤돌아보는
달그림자
징검다리 위로 또박또박
환하게 필 때면
망막은 피안을 열어둔 채
산과 언덕이 온통 취해 버린 것을 보면
몹시 그리웠나 보다
잃어가는 시간 위로 걸친 잔해가 티격태격
가난한 파도가 담긴 가슴으로
노을의 지문이 묻어난다
한때 그 자리에
하얗게 소름 돋친 구절초
남은 하루가 자꾸자꾸 말을 걸었다
떠나고 싶었다고
넘친 생각 위 생각을 되돌아보며
묵은 토담 스친 이명인 것을

네가 떠난 자리에

싫든 좋았든 길지도 않은 만남
연연한 깊이 알 수 없으나
기웃대는 옷깃이
그리운 것이 무엇이고
바라는 것이 무엇인지,
겨울비가 살 속 깊이 파고드는 저림
어둠을 가둔 가로등에 기댄
오늘 밤
잎 떨군 나뭇가지에 걸린 초승달이
바람을 모으고 있다
하나하나 살아나는 인연들
골동품 같은 존재
기다림이 기다려지고
겨울이 춥지 않다
다만, 쿵쿵거린 가슴은 변치 않아

그리움

자꾸만 눈이 가는 우편함에
골목을 열어 둔 채
마주 앉은 봄비
두고 지낸 기억들
하나하나 꺼내어 진종일 닦아내며
쓸쓸하다 했지
슬퍼도 아름다웠던 아슴푸레한 시절
가난한 길 따라
한때, 한때가 지천으로 피어나니

제7집 시집 『불고 춤추는 그곳에』를 엮고 나니

어질러진 작자 삶의 몸짓에 불과하다는 것을,
아쉽다면 예쁜 옷 한 벌 입힐까 하고 생각하였지만
작품성에 대해 혼쭐나게 두들겨 맞을지언정
변명은 고사하고 그냥 홀랑 벗고 독자 앞에 서고 싶다.

2018년 5월 김인태

경남 함안 출생
사)국제펜클럽한국본부
사)한국문인협회 중앙위원
부산문인협회 시분과 위원
새부산시인협회 편집위원
부산가톨릭문인협회
고샅동인

시인 김 인 태(冬柏)

이메일 : yudo124@hanmail.net
손전화 : 010-3887-3625

수상 : 부산문학상 외

시집 : 제1집 『들꽃 함부로 꺾지 말라』
제2집 『가을, 그리고 겨울로』
제3집 『멈추고 싶은 순간들』
제4집 『꽃을 희롱하다』
제5집 『저, 몸 달음』
제6집 『갈증을 덮어버린 비』
제7집 『불고 춤추는 그곳에』
고샅동인지 외 문예지

(주)에세이, 2006년

도서출판 해암, 2011년

전자책 타임비, 2014년

전자책 타임비, 2014년

도서출판 해암, 2015년

다솜출판사, 2016년

도서출판 해암, 2018년

불고 춤추는 그곳에

인쇄일 2018년 5월 24일
발행일 2018년 5월 30일

지은이 김인태
펴낸이 박철수
펴낸곳 도서출판 해암

등록번호 제325-2001-000007호
주소 부산시 중구 백산길 17 삼성빌딩 702호
전화 051)254-2260, 2261
팩스 051)246-1895
메일 haeambook@daum.net

ISBN 978-89-6649-141-4 03810

값 13,000원

*본 도서는 2018년 부산광역시, 부산문화재단 지역문화예술특성화지원사업의 일부 지원으로 제작되었습니다.
*이 도서의 국립중앙도서관 출판예정도서목록(CIP)은 서지정보유통지원시스템 홈페이지(http://seoji.nl.go.kr)와 국가자료공동목록시스템(http://www.nl.go.kr/kolisnet)에서 이용하실 수 있습니다. (CIP제어번호: CIP2018013439)